Ernest Duvergier de Hauranne

Les Incorrigibles
de la politique

essai

ISBN : 978-1533555717

10 9 8 7 6 5 4 3 2 1

Ernest Duvergier de Hauranne

Les Incorrigibles de la politique

essai

Table de Matières

Introduction

L'éducation politique d'une nation longtemps divisée et troublée comme la nôtre ne saurait être l'œuvre d'un seul jour, ni celle d'une seule année. Malgré les progrès accomplis depuis deux ans sous la sage direction du gouvernement de M. Thiers, nous sommes encore loin d'être arrivés à cet idéal de patriotisme et de sagesse qu'il nous faudrait réaliser à tout prix pour reconquérir à la fois la pleine possession de nous-mêmes et le respect du monde. Nous en avons aujourd'hui une nouvelle et triste preuve dans la crise politique inattendue qui vient d'éclater au lendemain du traité qui réglait la libération du territoire, c'est-à-dire dans le moment même où il semblait que tous les partis dussent faire silence et se réunir en un même sentiment de recueillement et d'apaisement patriotique. Nous sommes probablement destinés à voir d'ici à deux ou trois ans un certain nombre de ces retours en arrière et de ces recrudescences de l'esprit. de parti. Il faut nous y attendre, afin de nous y préparer sans illusion, et de savoir y assister sans découragement, tout en faisant tête à l'orage, comme il convient à des gens qui ont entrepris une longue navigation, et qui n'ignorent pas les difficultés qu'ils ont à surmonter avant d'arriver au port.

On a rarement vu sur la scène politique un changement plus soudain et plus surprenant que celui qui vient de se produire. Hier encore le gouvernement semblait tenir dans ses mains l'assemblée nationale, le parti républicain et l'opinion même de la France ; la fondation de la république et d'une république conservatrice paraissait une chose infaillible dans un délai de quelques mois. Le parti républicain se résignait presque à voir l'assemblée du 8 février faire honneur à son titre de constituante en organisant la république définitive ; il ne demandait plus au gouvernement que des garanties pour l'intégrité du suffrage universel. De leur côté, les partis monarchistes se sentaient à peu près vaincus d'avance ; malgré le secret dépit qu'ils éprouvaient de la prompte libération du territoire, ce « coup monté contre l'assemblée », ils hésitaient beaucoup à engager un combat dont l'issue n'était plus guère douteuse. Le grand public laborieux et paisible, la grande masse des honnêtes gens qui n'appartiennent à aucun parti et qui se contentent d'aimer leur pays sans y entendre malice, se réjouissait

Ernest Duvergier de Hauranne

naïvement d'un événement qui devait couper court aux intrigues et aux discordes parlementaires en permettant au gouvernement de consulter le pays et d'éclaircir ainsi son avenir.

Tout a-t-il donc changé ? On le dirait, à entendre les clameurs que poussent les adversaires du gouvernement et à voir le découragement dont quelques-uns de ses partisans sont frappés. Il y a un mois, il dominait les factions ; aujourd'hui ce sont les factions qui annoncent tout haut qu'elles vont le renverser. Hier il était l'arbitre des partis extrêmes ; aujourd'hui tous ses ennemis se démasquent. Non-seulement une opposition nouvelle s'est formée dans le camp républicain contre le gouvernement de la république, mais l'opposition monarchique elle-même remonte sur son cheval de bataille ; elle renaît à l'espérance, grâce au concours inattendu que lui apportent les fautes du parti radical. Il ne lui suffit plus d'avoir amené le gouvernement à composer avec elle et à respecter tous ses scrupules en renonçant à proclamer l'institution de la république définitive, en lui permettant de faire toutes les réserves qui pouvaient mettre en repos les consciences monarchistes ; il ne lui suffit plus d'avoir arraché à la faiblesse du ministère de prétendues lois conservatrices qui ne servent qu'à doubler les forces du parti radical ; il ne lui suffit même pas d'avoir fait tomber de son siège l'homme éminent et intègre qui présidait depuis deux ans l'assemblée nationale : elle ne prétend à rien moins qu'à réaliser avant peu le programme du gouvernement de combat. En attendant, elle cherche des combinaisons électorales qui soient « un affront pour la république et une menace pour, M. Thiers. » Elle se console d'ailleurs aisément des succès du parti radical. Elle se flatte que les excès de la démagogie l'aideront à en finir plus vite avec la république et avec le suffrage universel.

Quant aux radicaux, ces autres incorrigibles qui faisaient semblant d'être corrigés, on sait l'attitude qu'ils ont prise dans ces derniers temps. Tout en gardant certains ménagemens de langage qui ne peuvent tromper aucun homme sérieux, ils paraissent croire que le moment est venu de n'en plus garder aucun dans leurs actes. Ils ont passé, comme les monarchistes, à l'état d'opposition déclarée, et ils travaillent avec enthousiasme à fournir des armes à la réaction en rendant la république effrayante et antipathique aux opinions modérées. Le public enfin, naguère si rassuré, s'alarme à bon droit

Introduction

de ce tumulte, dont il ne comprend pas la cause. Il se demande par quelle étrange aberration, au lendemain des résolutions de la commission des trente, à la veille de la libération du territoire, le gouvernement et l'assemblée ont pu passer tout à coup de la paix à la guerre ; il n'a pas moins de peine à comprendre comment ces sages républicains qui parlaient si haut de leur modération et de leur patriotique déférence pour le gouvernement de M. Thiers ont pu, d'un jour à l'autre, lui déclarer la guerre à propos d'une question secondaire, dans le moment même où il prépare les lois qui doivent assurer l'établissement de la république.

Que s'est-il donc passé qui ait pu relever les espérances et ranimer l'ardeur des partis extrêmes ? En quoi le gouvernement, qui ne cherchait qu'à les calmer et à les rendre sages, a-t-il démérité tout à la fois des uns et des autres ? Comment a-t-il pu s'attirer en même temps la colère des monarchistes et celle des républicains ? C'est vraiment assez difficile à comprendre. Sans doute ce malheureux gouvernement, tout à la pensée d'amortir le choc des partis extrêmes, obligé de les combattre et de les ménager tour à tour, de leur céder même à l'occasion pour pallier leurs fautes, n'a pas montré dans ces derniers temps toute l'énergie et toute la fermeté désirables. Ces légères défaillances, plus faciles d'ailleurs à critiquer qu'à éviter, étaient au moins pardonnables au milieu des divisions de l'assemblée. L'opposition monarchique en a profité pour redoubler ses attaques, pour aggraver ses exigences, pour donner un libre cours à ses rancunes et à ses haines, et c'est ce dont les radicaux, ces fidèles amis du gouvernement, témoignent en ce moment leur mauvaise humeur en travaillant de toutes leurs forces à lui tuer la république entre les mains.

Tout cela est fort naturel et tout à fait conforme à nos habitudes politiques. Telle est la logique ordinaire des partis, et nous reconnaissons volontiers que le gouvernement aurait dû s'y attendre. Avouons-le donc sans détour : tout le monde a commis des fautes ; tout le monde en est resté plus ou moins amoindri, — le gouvernement d'abord, qui a manqué de prévoyance et de défiance, — l'assemblée ensuite, qui a prouvé une fois de plus qu'il y avait peu de chose à espérer d'elle, — les républicains enfin, qui s'amusaient à effrayer le pays par des manifestations stériles, et qui sont prêts à reperdre en un jour tout le terrain qu'ils avaient gagné

Ernest Duvergier de Hauranne

par deux ans de patience et de sagesse, Tel est le résultat le plus clair de nos récentes agitations. Et après ? Qu'en faut-il conclure ? Le gouvernement |de la république conservatrice en est-il moins nécessaire parce qu'il est devenu plus difficile ? La monarchie en est-elle moins impossible ? Le parti radical en est-il moins incapable de gouverner ? Le véritable intérêt du pays, le devoir des honnêtes gens n'est-il pas le même aujourd'hui qu'hier ? Au fond, rien n'est changé, puisque les mêmes nécessités subsistent ; rien n'est perdu, si les partis extrêmes reviennent à une politique plus sage et s'appliquent sincèrement à réparer leurs fautes. Personne n'imagine que le gouvernement puisse renoncer à sa tâche on se laisser détourner de sa voie par les nouveaux embarras qu'on lui suscite ; il succombera peut-être, mais il ne désertera pas. Personne d'ailleurs ne peut songer sérieusement à prendre sa place. Le devoir du gouvernement est donc tout tracé : il n'a qu'à poursuivre avec fermeté l'exécution de son programme sans s'arrêter à entendre les plaintes des uns et des autres, sans se laisser intimider par leurs succès ni par leurs menaces. Peut-être en sera-t-il de la crise actuelle comme de tant d'autres qui, après avoir troublé inutilement le repos des esprits, se sont évanouies sans laisser de traces.

Partie I

Après tout, le grand fait qui domine notre situation politique n'est ni l'élection plus humiliante que dangereuse de M. Barodet à Paris, de MM. Ranc et Lockroy à Lyon et à Marseille, ni la destruction de la municipalité lyonnaise, ni même la démission de M. le président Grévy : c'est la libération du territoire, c'est le paiement prochain du dernier milliard de l'indemnité prussienne. La libération du territoire, que tout le monde semble avoir oubliée, n'est pas seulement un succès diplomatique et financier, un grand et heureux événement extérieur ; c'est aussi un événement de politique intérieure, et de beaucoup le plus important de tous. Le prochain départ des armées étrangères ouvre pour nous une ère nouvelle. Jusque-là le gouvernement était obligé de se contenter d'un titre provisoire, de maintenir de son mieux ce qu'il avait appelé lui-même la trêve des partis, de biaiser avec les diverses oppositions parlementaires, de se faire le défenseur des droits de l'assemblée, qui ne pouvait être changée sans péril. Tant que la libération du territoire n'était pas un fait acquis, il n'y avait pas de solution, pas d'issue possible aux difficultés sans cesse renaissantes qui entravaient dans l'assemblée l'action du gouvernement.

Tout change avec la libération du territoire. L'action politique devient possible au dedans, elle devient même nécessaire pour sauver la paix publique. Les partis en ont déjà profité pour donner carrière à toutes leurs espérances ; ils n'ont même pas attendu le départ des armées étrangères pour démasquer leurs projets hostiles. Quelles que soient les difficultés de l'heure présente, il faut que le gouvernement leur réponde par des résolutions décisives ; il faut qu'il prévienne leurs entreprises en prenant hardiment l'initiative des mesures qui peuvent seules le sauver, et que la France entière attend de lui. Cela est d'autant plus nécessaire que, quoi qu'il arrive, un appel au pays est devenu inévitable dans un temps prochain, et que tout gouvernement qui succéderait à celui de M. Thiers devrait lui-même inaugurer son règne par des élections nouvelles.

L'assemblée se félicitait hier, par la bouche de son nouveau président, d'avoir rempli la première moitié de sa tâche et de pouvoir se consacrer tout entière à la seconde moitié. Le gouvernement peut en dire autant de son côté. Le moment est venu pour lui d'en finir avec la politique d'équilibre, de concession et d'impuissance, dont il a dû se contenter trop longtemps. Il va dorénavant consacrer tous ses efforts à la fondation d'une république légale et durable ; il va pouvoir mettre l'assemblée nationale en demeure de donner aux seules institutions qui soient aujourd'hui possibles la sécurité, les garanties d'avenir qu'elles réclament. Si l'assemblée consent à l'y aider, et si c'est ainsi qu'elle comprend la seconde partie de son œuvre, tout est pour le mieux ; il faut alors lui pardonner ses longues résistances, ses récriminations obstinées, ses perpétuels et impuissants essais de révolution monarchique et tout le mal qu'elle a fait jusqu'à ce jour à la cause de l'ordre sous prétexte de la défendre à sa façon. Si au contraire elle entend par là que le moment est venu de se concerter avec les radicaux pour monter à l'assaut du pouvoir et pour en finir plus vite avec la république, il faut s'attendre à une longue et confuse mêlée, qui ne pourra se terminer que par la dissolution violente de l'assemblée nationale et par le

Ernest Duvergier de Hauranne

profond abaissement du parti conservateur. En ce cas, l'opinion conservatrice n'aura rien à gagner à la prolongation des pouvoirs de l'assemblée actuelle ; plus la dissolution serait prochaine, et mieux cela vaudrait pour les conservateurs. C'est au point de vue des intérêts conservateurs qu'il faut répéter aujourd'hui plus haut que jamais ce cri impérieux de l'opinion : « la république ou la dissolution ! »

A moins de déclarer sans déguisement qu'ils n'en veulent qu'à la république et qu'ils sont décidés à ne jamais se réconcilier avec elle, les conservateurs n'ont plus aucun prétexte pour bouder le gouvernement de M. Thiers. Jusqu'à présent, s'il faut les en croire, c'est l'horreur du radicalisme, ou mieux encore la haine personnelle des radicaux eux-mêmes qui les a éloignés de la république. Ils ne voulaient à aucun prix paraître accepter l'alliance de ceux qu'ils regardent, à tort ou à raison, comme les ennemis de l'ordre social. Ils n'ont rien de pareil à craindre aujourd'hui que les radicaux font le siège du gouvernement, et qu'ils ne rougissent pas de former avec les irréconciliables de la droite une sorte de coalition tacite contre la république conservatrice. Les conservateurs sans parti-pris seraient désormais inexcusables de ne pas se rallier avec franchise à la république. Entre les deux oppositions de droite et de gauche, ils devraient comprendre qu'ils tiennent le sort du pays dans leurs mains, et qu'ils seraient bien coupables, s'ils persistaient à laisser l'avenir en suspens. Le gouvernement, cela est assez visible, n'a rien négligé pour regagner leur alliance : il a tout fait pour désarmer leurs griefs supposés ou sincères ; il en a même trop fait, si, comme on peut le craindre, ces prétendus conservateurs ne songent qu'à profiter de ses concessions pour l'affaiblir et pour le renverser.

S'il y avait quelque logique dans les sentiments et dans les actes de ce parti, il aurait dû applaudir, au lieu de s'insurger, le jour où l'auteur du message lui a pour ainsi dire mis dans les mains le pouvoir constituant. En faisant cette loyale tentative, dont il a été si mal récompensé depuis lors, le gouvernement livrait sa propre existence à la controverse, et il assurait en revanche à l'assemblée une durée suffisante pour achever le grand œuvre qu'il la conviait à entreprendre. En faisant appel au bon sens de l'assemblée, en se portant pour ainsi dire au-devant d'elle avec des propositions de paix, quand il aurait pu se contenter de rester sur la défensive et de se couvrir de la constitution Rivet jusqu'à la complète libération du territoire, il donnait certainement un gage de ses intentions conciliantes. Combien n'eût-il pas été plus fort, plus inattaquable aux factions et aux intrigues parlementaires, s'il s'était simplement appliqué à entretenir les divisions de l'assemblée et à l'empêcher de constituer la monarchie, sans essayer de lui faire adopter la république ! Le président de la république n'avait aucune peine à se maintenir au milieu de ces agitations sans profondeur, et lorsque sonnait l'heure de la libération du territoire, rien ne pouvait l'empêcher d'accomplir une autre délivrance ; il n'avait plus qu'un geste à faire pour renvoyer l'assemblée. Or à cette politique égoïste et méfiante, dont le succès était infaillible au point de vue de son autorité personnelle, il en a préféré une autre plus confiante, plus généreuse. Il a voulu associer l'assemblée elle-même à son œuvre, la sauver malgré elle, et sauver surtout avec elle les principes conservateurs qu'elle représente si mal. Il s'est peut-être trompé ; dans tous les cas, ce n'est pas à l'assemblée de s'en plaindre : ce n'est pas à elle d'en abuser pour faire échec au gouvernement. Que les chefs du parti monarchique n'essaient pas de le nier : si le gouvernement l'avait voulu, ils n'étaient pas seulement vaincus comme monarchistes, mais encore comme conservateurs ; ce sont les ménagements qu'on leur a montrés qui les ont graduellement enhardis. Jamais on n'a vu de gouvernement plus conciliant, plus accommodant, plus désintéressé que ce prétendu despotisme républicain contre lequel les mille voix de la réaction monarchique déclament avec tant de fracas. Le chef du pouvoir n'avait pas besoin de faire une constitution régulière pour dominer l'assemblée nationale et pour s'en faire obéir : l'incertitude de ses pouvoirs légaux était justement ce qui les rendait sans limites ; néanmoins, quoi qu'on en ait dit, le gouvernement personnel n'était pas son idéal ni le principal objet de ses efforts. Il songeait surtout à l'avenir ; s'il avait une ambition personnelle, c'était surtout celle d'assurer sa gloire en fondant la république et en laissant à son pays des institutions durables. Il savait que la politique de conciliation, qui déplaît en général aux opinions extrêmes, est la seule qui convienne à un gouvernement qui se fonde, et il s'est proposé avant toute chose d'adoucir l'antagonisme des partis

Ernest Duvergier de Hauranne

en exerçant entre eux une sage médiation. Il a tout subordonné au succès de cette œuvre patriotique. Pour satisfaire ceux qui réclamaient la responsabilité ministérielle et qui prétendaient voir dans l'intervention personnelle du chef de l'état un empêchement à la liberté parlementaire, il a renoncé à ses prérogatives les plus légitimes, presque les plus nécessaires ; il a consenti à subir une foule d'entraves aussi absurdes que ridicules et aussi nuisibles que gênantes. Pour ne pas alarmer l'ombrageuse susceptibilité de ses contradicteurs, il s'est résigné à garder le silence dans une foule d'occasions où le pays aurait voulu entendre sa voix ; il s'est laissé entourer d'un cérémonial compliqué qui restreint son action parlementaire, et le prive du libre exercice de son simple droit de député. Il s'est condamné de bonne grâce à une sorte de captivité politique, d'ailleurs moins humiliante pour lui-même que pour ceux qui ont cru devoir la lui imposer. Tous ces sacrifices, il les a faits dans une seule pensée, pour décider l'assemblée à fonder la république. Beaucoup de gens lui conseillaient de se défier davantage ; il a mieux aimé faire appel au bon sens, à la bonne foi de ses adversaires. S'il s'est trompé, est-ce aux conservateurs qu'il convient de l'en faire repentir ?

Il ne faut pas se refuser à l'évidence : en acceptant le compromis de la commission des trente, le président de la république a fait preuve d'une abnégation bien rare. S'il ne s'est pas diminué comme homme politique, il s'est affaibli comme chef de gouvernement. En vertu des articles organiques de cette nouvelle constitution provisoire, M. Thiers reste le chef de l'état ; mais, quoiqu'il continue à présider le conseil des ministres, il n'est plus tout à fait le chef du ministère. C'est encore lui dont l'avis a le plus de poids dans le secret du conseil, c'est encore lui, si l'on veut, qui ordonne les plans de campagne parlementaires ; mais ce n'est plus lui qui les exécute, ce n'est plus lui qui commande en personne sur le champ de bataille : il n'y est plus représenté que par ses lieutenants. Or l'exercice personnel du commandement est la principale attribution d'un premier ministre. Dans la stratégie parlementaire, le commandement véritable appartient à celui des chefs qui prend part à la lutte et qui expose lui-même sa poitrine au feu.

C'est ainsi que les choses se passent dans tous les vrais gouvernements parlementaires, et la commission des trente, en en décidant autrement, a montré qu'il s'agissait moins pour elle d'appliquer les vrais principes de la responsabilité ministérielle que de satisfaire sa rancune personnelle, et d'affaiblir l'influence redoutable d'un homme. On ne commande pas une armée par procuration, on ne dirige pas un ministère parlementaire du fond de son cabinet. Ce sont les résolutions prises sur place et sous l'aiguillon des événements qui sont de beaucoup les plus importantes et les plus décisives. La présence réelle du chef du gouvernement est surtout nécessaire dans une assemblée divisée qui ne sait ni ce qu'elle veut ni ce qu'elle peut, qui flotte au hasard de ses impressions journalières, qui a besoin de recevoir une impulsion vigoureuse d'une volonté plus forte que la sienne ; elle est indispensable avec un ministère qui est la représentation fidèle de cette assemblée, et qui n'a pas lui-même une opinion bien arrêtée, ni une politique bien définie. Dans ces conditions, le gouvernement se résume forcément dans la personne du président du conseil, et en l'exilant du parlement on n'assure point, comme on se l'imagine, la responsabilité ministérielle : on fait seulement qu'il n'y a plus de gouvernement parlementaire ni de ministère sérieusement responsable.

C'est là pour le gouvernement une difficulté et un danger de plus ajoutés à tant d'autres. D'après la bizarre législation de la commission des trente, M. le président de la république pourra bien à l'occasion venir prononcer devant l'assemblée un ou deux discours médités et préparés ; il ne lui sera plus permis de prendre part aux délibérations, c'est-à-dire de faire acte de gouvernement. Il parlera, pour ainsi dire, après coup, sur une thèse réglée d'avance, en vertu d'une résolution collective prise par le conseil des ministres ; la parole suivra l'acte au lieu de le précéder et de l'annoncer. Nous ne voudrions pas faire de comparaisons irrévérencieuses et indignes de la haute situation du chef de l'état ; il semble pourtant qu'on ait voulu le réduire au rôle d'orateur et de commissaire du gouvernement, chargé spécialement par le ministère de traiter telle ou telle question dans le sens qu'on lui aura prescrit. Ce sera sans doute un commissaire d'une grande autorité, un avocat d'un puissant crédit, ce ne sera plus, à proprement parler, le chef du ministère. Quand il aura terminé son discours, il faudra qu'il salue l'assemblée comme un chanteur qui finit un air de musique, et qu'il

Ernest Duvergier de Hauranne

se retire dans la coulisse sans assister au reste de la représentation. C'est seulement après son départ que ses ministres pourront reprendre la discussion suspendue par sa visite ; comme personne ne lui aura répondu, il sera loisible à chacun de ne tenir aucun compte de ses avis. Ses ministres le démentiront, s'ils le croient nécessaire ; rien ne les empêchera, s'ils le jugent convenable, de manquer aux résolutions prises dans le conseil. Ils pourront tout à leur aise se rendre agréables à la majorité parlementaire aux dépens du gouvernement qu'ils serviront. Si le chef de l'état venait à se plaindre de leur faiblesse et à leur reprocher de trop gouverner « par déférence, » ils n'auraient pas de peine à répondre. « Que voulez-vous, lui diraient-ils, et de quoi vous plaignez-vous ? Nous vous apportons une majorité. Si nous vous avions soutenu, nous aurions succombé. C'est en sacrifiant votre politique que nous avons sauvé votre gouvernement. Si votre honneur n'est pas intact, si votre autorité est amoindrie, le ministère est sauf, et c'est tout ce qu'on peut nous demander, puisque notre métier est de nous entendre avec le parlement, et puisque dans la théorie parlementaire nous sommes ses délégués en même temps que les vôtres. »

Voilà le langage que le ministère pourrait tenir à son chef sous le nouveau régime que nous a fait la commission des trente, si jamais il lui prenait fantaisie de le mettre en tutelle. On aurait alors l'étrange et pitoyable spectacle d'un gouvernement sans direction et sans dignité, dont les actes seraient en contradiction avec les paroles, et qui flotterait au gré des circonstances ou des intérêts du moment. Sans doute ce gouvernement serait certain d'avoir toujours la majorité, puisqu'il se rangerait toujours à l'avis de la majorité elle-même ; mais à force de lui obéir toujours sans jamais savoir se faire écouter d'elle, il finirait par se discréditer et par s'avilir. Le pays et l'assemblée elle-même cesseraient de prendre au sérieux un pouvoir aussi humble et aussi docile. Un gouvernement n'est jamais respecté que lorsqu'il sait se faire respecter lui-même. Cela est vrai surtout du gouvernement parlementaire, qui est un gouvernement de persuasion et d'influence morale. Sous un régime de responsabilité et de libre discussion, la liberté même est compromise lorsque l'autorité s'affaiblit. Lorsqu'une assemblée veut changer de direction, elle n'a qu'à changer de chef. Si elle ne peut pas en changer, c'est que le chef qu'elle a lui est nécessaire, et alors c'est pure folie que de s'amuser à l'affaiblir quand on ne veut pas le renverser.

Assurément, ni le président de la république ni ses collègues n'ignoraient rien de tout cela le jour où ils ont conclu leur arrangement avec la commission des trente. Qu'est-ce donc qui les a décidés à donner leur assentiment à des mesures qu'ils qualifiaient eux-mêmes de puérilités et de subtilités misérables ? Le fond de leur pensée n'est pas difficile à connaître. Ils ont cru que ce n'était pas l'heure, au moment où la libération du territoire allait s'accomplir, de soulever des difficultés de détail et de mettre la sécurité publique en péril en s'exposant à une crise de gouvernement. Ils ont cru d'ailleurs que ce grand et heureux événement changerait le cours des idées, apaiserait les esprits, dissiperait les illusions de l'opposition monarchique, calmerait les impatiences du parti républicain, les rendrait enfin l'un et l'autre plus raisonnables et plus accommodants. Ils se sont imaginé que les monarchistes de l'assemblée ne pourraient s'empêcher eux-mêmes de réfléchir sur le triste avenir qu'ils préparent à la France, si, à peine affranchie de l'occupation étrangère, ils la condamnent à faire une révolution de plus. Ils ont espéré qu'il se formerait dans l'assemblée, comme dans le pays, un grand parti conservateur indépendant de toute opinion monarchique, et qu'il se détacherait de l'opposition un grand nombre d'hommes sincères qui, sans cacher leurs préférences pour la royauté constitutionnelle, sentiraient que leur intérêt et leur devoir consistent aujourd'hui à seconder de toutes leurs forces l'établissement d'une république légale et modérée. On sait que le chef de l'état n'est point un doctrinaire fanatique. Il n'a jamais voulu la mort du pécheur ; si endurcis que soient ses adversaires, il ne se lasse pas de travailler à leur conversion. Sa république n'est pas une de celles où il faille entrer par la porte basse et où le droit de cité soit difficile à conquérir. Il n'est pas besoin, pour y pénétrer, de faire violence à personne ou de passer par le trou d'une aiguille, comme pour entrer dans le royaume des cieux. La porte en est toujours grande ouverte à quiconque désire y fixer sa demeure, et si elle finit, comme tant de gens le prédisent, par tomber entre les mains du parti radical, ce sera la faute des conservateurs, qui, au lieu de s'y établir paisiblement, auront follement persisté à vouloir

Ernest Duvergier de Hauranne

s'y introduire par la brèche, et à s'y présenter comme des ennemis.

Partie II

Le gouvernement a-t-il trop présumé du patriotisme et de la sagesse du parti conservateur ? On pourrait le croire, à voir la manière dont ceux qui se disent les chefs de ce parti ont répondu à ses avances. Tandis que le gouvernement sacrifiait toutes ses convenances et même une part de sa sécurité à l'espoir de la conciliation, l'opposition monarchique est restée aussi exigeante et aussi intraitable que jamais. Les belles promesses de la commission des trente n'ont rien changé à ses dispositions hostiles. Les chefs du gouvernement de combat n'ont renoncé, paraît-il, à aucune de leurs espérances, et ils n'ont pas négligé une seule occasion de montrer au président qu'il s'était abusé sur leur compte, s'il avait cru pouvoir regagner leurs bonnes grâces. Les hommes qui, lors de la discussion du projet des trente, se posaient en sages médiateurs entre la monarchie et la république, et célébraient d'un ton presque lyrique les bienfaits de la trêve nouvelle qui venait d'intervenir entre le gouvernement et les partis, ces mêmes hommes rentraient dès le lendemain dans les rangs de l'opposition la plus irréconciliable. La veille, ils faisaient les bons apôtres, ils s'attendrissaient éloquemment sur les malheurs de la France, et lui promettaient solennellement de ne rien faire qui pût troubler son repos ; le lendemain, ils reniaient toutes ces protestations pacifiques, et ne craignaient plus de guerroyer tout à leur aise, sans se soucier en aucune façon des inquiétudes qu'ils pouvaient jeter dans le pays. La veille, ils se vantaient avec hauteur d'être les seuls vrais amis du gouvernement ; bien plus, ils se proclamaient ses libérateurs, car ils l'avaient, disaient-ils, arraché à l'odieuse domination du parti radical ; le lendemain, ils se donnaient, comme de coutume, le plaisir innocent de le contrarier, de l'ébranler, de l'attaquer à tout propos ; ils recommençaient, comme par le passé, à voter invariablement contre lui, et ils laissaient encore aux radicaux l'honneur de le défendre contre leurs violences. Deux fois en une semaine, le gouvernement a failli périr sous les coups des conservateurs, et cela lorsqu'il venait d'acquérir de nouveaux titres à la reconnaissance et à l'estime du pays !

Voilà d'étranges conservateurs, il faut en convenir. Si tous étaient pareils, ce serait à rougir de l'épithète accolée par M. Thiers au nom de la république. Ce qu'il y a de plus triste et de plus humiliant, c'est que ces prétendus conservateurs n'ont pas tous conscience du mal qu'ils peuvent faire et des dangers qu'ils font courir à la cause de l'ordre. C'est une très vieille habitude chez les conservateurs que de faire de l'opposition ; pendant dix-neuf ans, sous l'empire, ils n'ont pas pu faire autre chose : il n'est pas étonnant que le pli leur en soit resté. Sans parler des chefs ambitieux qui spéculent sur le désordre et sur l'inquiétude qu'ils entretiennent, il y en a beaucoup qui font le mal sans mauvaise intention, comme ces personnages batailleurs qui courent partout ou il y a des coups à donner et à recevoir. Ces vétérans de l'opposition libérale ressemblent, ne leur en déplaise, à ces vieux chevaux de cavalerie qui ne peuvent voir passer un régiment sans courir se placer dans les rangs. Pourquoi ne pas l'avouer franchement ? les conservateurs libéraux ont leurs infirmités de caractère, leurs défauts naturels, tout comme les républicains radicaux. Il faut tâcher d'être indulgent pour les uns et pour les autres, quoiqu'ils soient souvent bien incommodes. Ne l'oublions pas, dans un pays qui a besoin d'être éclairé et pacifié comme le nôtre, l'indulgence est la première des vertus politiques.

Il y a pourtant cette fois une circonstance qui aggrave les torts de l'opposition dite conservatrice : on devine que nous voulons parler de la libération du territoire. Que dans un moment pareil l'assemblée, tout entière n'ait pas cru devoir imposer silence, au moins pendant quelques jours, à ses fureurs accoutumées, voilà qui est vraiment impardonnable. Que ce soit même au contraire, comme on n'a pas craint de le dire pour excuser l'assemblée, la libération du territoire qui ait mis la droite de mauvaise humeur et qui l'ait excitée à faire des folies, cela est véritablement monstrueux. C'est cependant, à ce qu'il paraît, la vérité même. Les monarchistes passionnés de la droite et du centre droit n'ont pu se résigner au désagrément d'avoir à se féliciter sans réserve d'un événement qui était un succès pour la France, mais qui était aussi un succès pour la république. Ils ont eu besoin de s'en venger d'une manière ou d'une autre, et ils ont saisi, pour exercer cette vengeance, toutes les occasions, bonnes ou mauvaises, qui se sont présentées.

La pétition du prince Napoléon se trouve sur leur chemin :

Ernest Duvergier de Hauranne

vite ils la ramassent pour s'en faire une arme de guerre contre le gouvernement et pour se donner l'ineffable plaisir de remettre encore une fois son existence en question. Un membre de la gauche propose d'exprimer au président de la république la reconnaissance du pays pour la libération du territoire : vite l'opposition demande à mettre des réserves et des conditions à ces remercîments. M. le président Grévy rappelle à l'ordre un interrupteur qui le mérite : vite la droite de l'assemblée s'insurge contre son président, méconnaît en lui l'autorité de la loi qu'elle a faite, l'outrage par les applaudissements qu'elle accorde au coupable, par les murmures dont elle couvre ses justes remontrances, l'oblige à donner sa démission, et, au lieu d'avouer honnêtement sa faute, elle triomphe le lendemain de cette triste victoire.

Comment le spectacle de tous ces désordres commis au nom du parti conservateur ne jetterait-il pas le trouble et l'incertitude dans les esprits ? Que peut-on augurer de sage et de sensé d'un parti aussi prompt à se démentir, aussi inconséquent dans ses actes ? Si la droite s'obstine à ne pas comprendre qu'elle est elle-même en grande partie la cause des progrès menaçants du parti radical, il faut s'attendre à voir l'assemblée nationale épuiser ce qui lui reste de vie dans de stériles et cruelles agitations. Alors ses derniers moments, au lieu d'être consacrés à donner au pays des institutions sages, ne seront qu'une perpétuelle et inutile bataille entre la république et la monarchie. Laquelle vaincra ? Ce ne sera certainement pas la monarchie, mais ce ne sera pas non plus la république. Personne au fond n'en profitera, sinon peut-être les partis violents, ceux qui ne craignent pas d'employer des moyens immoraux, et qui ne recherchent que le succès de l'heure présente, — le bonapartisme ou la démagogie.

L'assemblée a décidé dernièrement que le gouvernement serait chargé de lui présenter des projets sur les diverses matières législatives et constitutionnelles qui ont fait l'objet des travaux de la commission des trente. Tout dépend de l'accueil qui sera fait à ces propositions. C'est alors qu'on verra se mesurer les deux politiques qui se disputent depuis deux ans le titre glorieux de conservatrice : on verra d'une part la politique modérée, conciliante, impartiale, de M. le président de la république, et de l'autre la politique étroite, acerbe, provocatrice, du « gouvernement de combat. »

Du succès de l'une ou de l'autre dépendra non-seulement l'avenir du parti conservateur, mais encore celui des libertés de la France. Si la conciliation que le gouvernement a entreprise entre le parti conservateur et la démocratie venait à échouer par malheur, c'en serait fait tout à la fois et du parti conservateur et de la république elle-même. Tout plierait pendant quelque temps devant la faction radicale ; mais bientôt le parti républicain s'épuiserait dans son isolement, comme le parti conservateur dans son inaction et dans son impuissance, et quelque dictature ancienne ou nouvelle recueillerait encore une fois leurs débris.

Il y a deux points essentiels sur lesquels il faut absolument que l'assemblée se prononce et qu'elle rassure le pays : il faut que les nouvelles lois organiques aient un caractère conservateur, mais sans aucune apparence de réaction ; il faut en outre qu'il ne reste plus aucun doute sur la forme définitive du gouvernement et sur la sincérité de l'institution républicaine. Des lois de réaction ne fortifieraient pas l'opinion conservatrice ; elles ne pourraient lui inspirer qu'une sécurité fausse, et creuser plus profondément l'abîme qui existe encore entre les classes bourgeoises et les classes populaires. Quant au maintien indéfini du provisoire et à l'ardent amour que certains monarchistes découragés professent pour ce régime qui leur permet de réserver leurs espérances, c'est ce qui peut arriver de plus fâcheux pour le parti conservateur. Cette république inachevée dont on refuse de bâtir le faîte, et à l'abri de laquelle on se cantonne, faute de mieux, en attendant l'occasion de la détruire, n'inspire pas confiance au pays ; il a toujours peur de la voir s'écrouler sur sa tête. Il comprend d'ailleurs à merveille pourquoi les partisans de la monarchie refusent de lui donner son nom et de la sanctionner par leur vote, tout en consentant à la subir, ou même à s'en servir au besoin. L'épithète de provisoire inquiète le pays, éloigne du parti conservateur tous ceux qui veulent mettre la république hors de cause, mais elle ouvre aux espérances des partis le chapitre des accidents imprévus. Déjà pensent-ils, le représentant d'une des trois monarchies qui se disputent les unes aux autres et qui disputent au gouvernement de M. Thiers la direction du parti conservateur a disparu de la scène du monde. Un accident nouveau qui viendrait simplifier les choses réunirait dans une seule main toutes les forces du parti monarchique ; un

Ernest Duvergier de Hauranne

troisième accident pourrait enfin survenir, et priver la république du concours des conservateurs qui sont venus à son aide. Alors tout serait possible, et les espérances que l'on qualifie aujourd'hui de rêveries chimériques deviendraient peut-être une réalité. Voilà pourquoi l'on tient à la république provisoire, et pourquoi l'on repousse la république définitive ; voilà pourquoi l'on s'obstine à compter sur la Providence en dépit de tous les calculs de la sagesse humaine.

Eh bien ! cette incertitude, qui est la consolation des royalistes, alarme les vrais conservateurs ; ils admettraient que la souveraineté nationale choisît une forme de gouvernement différente, mais ils n'entendent pas que l'on conspire contre le pouvoir légalement établi. Ils n'approuvent pas que l'on ne serve la république que pour mieux la trahir, et que l'on ne consente à l'organiser que pour mieux préparer le rétablissement d'une monarchie. Ils sentent d'ailleurs que leur intérêt n'est pas en guerre avec leur conscience, que plus ils ont montré de répugnance pour la forme républicaine, plus ils sont connus pour leurs préférences monarchiques, et plus ils se doivent à eux-mêmes de ne laisser subsister aucun doute sur leurs intentions. Le président de la république disait, il y a quelques semaines, avec une haute raison, qu'il était inutile de perdre du temps à ces proclamations solennelles qui n'ajoutent pas un seul jour à l'existence des gouvernements nouveaux. Il vaut mieux, s'écriait-il, que les gouvernements méritent de durer en faisant modestement tout le bien qu'ils peuvent. M. Thiers disait vrai pour lui-même et pour ceux qui le soutiennent ; mais il n'en est pas de même pour ceux qui l'ont jusqu'à présent combattu. Leur intérêt évident, s'ils se rallient à la république, est de s'y rallier avec franchise et avec éclat ; c'est à eux, et à eux seuls, qu'il appartient de la proclamer quand il le faudra. Le gouvernement n'en a pas besoin, mais le parti conservateur ne doit plus hésiter à le faire, et après tant de fautes commises il n'a pas d'autre moyen de les réparer. Le gouvernement lui-même lui en donnera sans doute le conseil, quand l'heure sera venue d'en finir avec les équivoques, et de dire à haute voix ce que veut la France.

Si les conservateurs veulent regagner leur influence et résister avec succès au radicalisme, il faut qu'ils s'appliquent à répudier la politique annoncée naguère au nom du gouvernement de combat, Qu'ils le sachent bien, les violences et les défis ne servent à personne, surtout à ceux qui ont toujours les mots de modération et de conservation dans la bouche. Les progrès de l'idée républicaine tiennent principalement à ce que les républicains ont changé de rôles avec les conservateurs, à ce qu'on les a vus pendant deux ans sacrifier leurs préférences et leurs passions de parti à la paix publique en soutenant contre les conservateurs un gouvernement qui n'avait rien de radical. Cette conduite habile et patriotique a été la meilleure des propagandes qu'ils pussent faire en faveur des doctrines républicaines. Pourquoi les conservateurs ne l'ont-ils pas imitée ? Pourquoi se compromettent-ils à plaisir en faisant la besogne des révolutionnaires ? S'ils se sentent affaiblis, qu'ils ne s'en prennent qu'à eux-mêmes ! S'ils veulent que le gouvernement apprenne à s'appuyer uniquement sur eux, qu'ils cessent de l'ébranler tous les jours ; s'ils veulent que l'opinion publique rende sa confiance aux idées qu'ils représentent, qu'ils fassent au moins quelque chose pour la rassurer sur leurs desseins !

Ce qui nuit le plus aux conservateurs, ce ne sont pas les violences du parti radical, les folies qu'il peut commettre ou les scandales qu'il peut donner ; au contraire les excès du parti radical ont toujours profité à la réaction. Ce qui compromet les conservateurs, ce sont leurs propres fautes. On entend dire de tous les côtés : « Le parti conservateur se décourage, le parti conservateur se meurt. » Cela n'est pas étonnant, quand ses chefs semblent prendre à tâche d'inquiéter et de troubler le pays. « L'avenir, a dit un jour M. Thiers, appartient au plus sage. » Que les conservateurs et les radicaux le comprennent : le moment est venu de savoir à qui doit s'appliquer cette prophétie. Le moment est venu de savoir à qui, des conservateurs ou des radicaux, il convient d'adresser ces mots du poète latin : *quos vult perdere Jupiter dementat.*

Partie III

Il y a quelque temps, nous aurions répondu hardiment, quoique avec tristesse : « Ce sont les conservateurs. » Aujourd'hui la question nous paraît plus que douteuse. Ce qu'il y a de certain, c'est que les deux partis rivalisent d'inintelligence et de folie, et

Ernest Duvergier de Hauranne

que les radicaux, pour le moment, sont loin d'être en reste avec les conservateurs. Si ces derniers font tout ce qu'ils peuvent pour ruiner l'influence des idées conservatrices, les radicaux, leurs dignes émules, travaillent avec une ardeur sans pareille à tuer la république. C'en est fait, paraît-il, de leur modération passagère ; ils se sont réveillés de leur sommeil, et ils veulent qu'on s'en aperçoive. Comme les conservateurs monarchistes, ils veulent faire sentir au gouvernement le prix de leur alliance et la force de leurs bras. Sans doute l'opposition de gauche a d'autres visées que l'opposition de droite ; mais elles s'accordent fort bien toutes les deux en ce sens qu'elles veulent l'une et l'autre que le gouvernement soit faible.

Il a donc paru aux radicaux, comme aux royalistes, que la libération du territoire leur rendait toute leur liberté d'action, et qu'il était temps de faire une charge à fond contre la république conservatrice. C'est ainsi du moins qu'en a jugé l'homme d'état de la guerre à outrance, le dictateur de Tours et de Bordeaux, qui est en train, comme chacun sait, de passer à l'état de pape infaillible du parti républicain. Les radicaux d'ailleurs ont pris exemple de la droite : tout en faisant la guerre au gouvernement, ils n'entendent pas que le gouvernement voie en eux des ennemis. Ils protestent encore plus haut que les chefs du gouvernement de combat contre les desseins hostiles qu'on leur prête ; ils affirment, comme M. de Kerdrel, la parfaite innocence de leurs intentions. Le gouvernement, pour lequel ils n'ont, paraît-il, que des sentiments d'amour, leur semble en ce moment fourvoyé et affaibli ; ils entendent seulement lui prouver leur tendresse en lui donnant un avertissement sévère, et en lui infligeant un échec qui l'affaiblisse un peu davantage. Décidément l'hypocrisie des partis monarchiques est au moins égalée par celle du parti radical. Les hauts et puissants seigneurs de la commission des trente sont dépassés par les grands personnages du cénacle de M. Gambetta. C'est en invoquant le nom de M. Thiers, en affectant de se dire ses amis, qu'ils remportent sur lui des victoires qui sont pour la France une véritable humiliation nationale !

Leur conduite ne nous surprend d'ailleurs qu'à moitié ; ce n'est pas la première fois qu'ils donnent au pays la mesure de leur esprit politique. Qu'ils nous permettent cependant de le leur dire, il se mêle cette fois à leur maladresse quelque chose de particulièrement odieux. Les radicaux se seraient brouillés avec le gouvernement il y a deux ans, lorsqu'ils étaient faibles et que la république ne pouvait se passer de l'appui de M. Thiers, que personne n'aurait eu le droit de s'en plaindre, excepté la république elle-même. Une telle conduite aurait été simplement inintelligente, impolitique, digne en un mot de tous les antécédents et de toutes les traditions du parti radical ; elle n'aurait pas été déloyale, et l'on n'aurait pu rien y trouver à redire, sinon l'excès même de sa franchise. Aujourd'hui elle n'est pas moins absurde, mais elle est en même temps perfide et presque lâche. C'est après s'être abrités pendant deux ans sous le couvert du nom de M. Thiers et de sa république conservatrice, c'est quand le gouvernement, soumis depuis deux ans par la droite à une sorte de siège régulier, fatigué de ses victoires mêmes, affaibli par les concessions au prix desquelles on lui avait promis une paix mensongère, se prépare à une lutte suprême contre d'implacables ennemis, et qu'il a besoin que tous ses partisans, sans en excepter un seul, se serrent autour de lui pour le fortifier et pour le soutenir, — c'est alors que les radicaux trouvent l'occasion bonne pour faire défection, et se préparent à donner le coup de pied de l'âne à l'homme qui a sauvé la république. Nous savons que cette politique n'est pas de leur invention, et que les conservateurs eux-mêmes n'agissent jamais autrement avec les républicains au lendemain des révolutions : ils les ménagent et les flattent tant qu'ils en ont peur, puis ils les frappent dès qu'ils les croient sans défense. Les républicains, jusqu'à présent, se vantaient d'être plus généreux et plus braves ; les radicaux tiennent à montrer qu'on les avait calomniés. Les *jacobins* se piquent de ne pas laisser en arrière les *jésuites*. Ils se sont mis aux pieds de M. Thiers tant qu'ils ont cru avoir besoin de sa protection ; ils se vengent aujourd'hui de cette longue contrainte, et-ils n'ont plus le moindre scrupule à attaquer un gouvernement dont ils ne croient plus l'alliance nécessaire.

Nous admettons volontiers que la reconnaissance n'est point une vertu politique, et que les services éminents que ce gouvernement a rendus à la France doivent être mis entièrement hors de cause. Libre aux radicaux de les oublier, s'ils le veulent, et de se placer exclusivement au point de vue de l'intérêt de parti. A ce point de vue en effet, M. Thiers ne mérite d'eux aucune gratitude ; il ne les a jamais flattés, il ne les a jamais traités qu'avec impartialité

Ernest Duvergier de Hauranne

et avec justice ; il les a même plus d'une fois sévèrement avertis, sans malveillance comme sans amour, ainsi que c'était son devoir de chef d'état équitable. Puisqu'ils sont des hommes de parti, on ne peut pas leur demander autre chose que de servir avec intelligence les intérêts de la cause républicaine. Or ils ne peuvent que la discréditer et l'affaiblir en la mettant en opposition avec le gouvernement de M. Thiers. Le patriotisme et la véritable intelligence politique, qui, quoi qu'on en dise, ne se sépare jamais de l'honnêteté, ne leur manquent pas moins qu'aux conservateurs monarchistes. Au fond, toutes les factions se ressemblent par cela même que ce sont des factions ; elles perdent toutes également la notion du sens commun et celle du sentiment national.

Est-ce que par hasard les radicaux s'imaginent que la France est à eux ? Croient-ils sérieusement qu'elle les accepterait pour maîtres ? Se figurent-ils que le moment est venu pour eux d'arborer leur étendard favori et de marcher sus à quiconque refuse de coiffer le bonnet rouge ? Ce jour-là Dieu merci, ne viendra jamais. La France ne prendrait les radicaux pour chefs que le jour où ils auraient cessé de faire de la politique radicale, et après qu'ils auraient donné des gages à la politique modérée et conservatrice. Qu'ont-ils donc fait jusqu'à présent qui justifie cet immense orgueil ? Qu'est-ce donc par lui-même que le parti radical ? C'est une minorité doctrinaire, intolérante et vaniteuse, qui se plaît à exercer un facile empire sur les passions des masses ignorantes, qu'elle flatte et qu'elle éblouit par des mots sonores. C'est une secte de brouillons orgueilleux qui se donnent des airs de prophètes, et qui, malgré leur petit nombre, comptent dans leur église presque autant de partis que de têtes. Non, il ne faut pas confondre les radicaux, ou, pour mieux parler, les démagogues, avec ce parti républicain, calme et sensé, qui est aujourd'hui l'espoir de la France. S'il fait moins de bruit que les radicaux, il grandit tous les jours, il rallie à la république deux classes importantes de la nation dont la république elle-même ne saurait se passer malgré les ridicules prétentions du radicalisme : la bourgeoisie d'abord, sans le concours de laquelle aucun gouvernement ne saurait subsister en France, puis le peuple laborieux des campagnes, qui se défie de la royauté, qui déteste l'ancien régime, mais qui aime avant tout son repos, et qui aura bientôt fait de renverser la république aux élections prochaines, si elle devient encore une fois le symbole du désordre. C'est ce grand parti républicain modéré qui fondera la république, à moins pourtant que les radicaux ne l'en empêchent.

Il est vrai que depuis deux ans les conservateurs ont tout fait pour grossir le parti radical ; grâce à eux, les campagnes elles-mêmes ont nommé parfois des candidats radicaux de préférence aux royalistes qui leur étaient seuls opposés. C'est là ce qui a pu tromper les chefs du parti radical sur leur importance et sur les véritables dispositions du pays à leur égard. Ils ont pris pour eux des succès qu'ils devaient uniquement à leurs adversaires ; ils ont pris pour une adhésion à leur politique des marques de confiance qui ne s'adressaient qu'à la sagesse momentanée de leur attitude et à la modération affectée de leur langage. Ils ont cru que la France votait pour les loups, quand elle ne votait que pour la peau d'agneau dont ils s'étaient revêtus. Toute leur influence vient justement de ce qu'ils ont paru renoncer pendant deux ans à exercer une influence de parti, de ce qu'ils ont fait de louables efforts pour dépouiller le vieil homme et pour devenir à leur tour un vrai parti de gouvernement. Ils ont su mettre en avant leurs personnes tout en effaçant prudemment leurs ambitions, et c'est par cette manœuvre habile qu'ils ont fait évanouir les préventions et les craintes qu'ils avaient de tout temps inspirées à la France. Nous n'aurions garde de les en blâmer, mais nous tenons à les avertir qu'ils se font illusion sur leurs forces. Qu'ils retournent à leurs anciens errements, et ils verront bientôt s'ils ont converti la France à la politique radicale. Ils ne tarderaient pas, après un triomphe éphémère, à la dégoûter encore une fois de la république.

« Nous, sommes patients et sages ! » ne cessent-ils de lui dire depuis deux ans ; « nous sommes le vrai parti de l'ordre, les vrais amis du gouvernement ; ce sont les monarchistes qui sont les perturbateurs, » — et franchement on était tenté de les croire. « Sans doute, ajoutaient-ils, la conduite et les doctrines du gouvernement ne nous conviennent pas sans réserves ; mais le patriotisme et le sentiment de l'intérêt national nous commandent de sacrifier nos convictions particulières jusqu'à la libération du territoire, jusqu'à la dissolution de l'assemblée, et même jusqu'au complet établissement d'une république définitive. Nous sommes avant tout les défenseurs respectueux et résolus de la légalité républicaine,

Ernest Duvergier de Hauranne

nous saurons nous résigner à tous les genres d'abnégation pour la maintenir. Nous ne pratiquerons pas seulement ce genre de désintéressement inférieur qui consiste à se passer des emplois publics, nous nous montrerons encore capables de cette autre espèce de désintéressement cent fois plus difficile et plus rare, celle qui consiste à mettre de côté bien autre chose que nos ambitions personnelles, — nos passions, nos convenances et nos ambitions de parti. » Or les voilà déjà qui manquent à ces belles promesses. Le pays, qui les avait crus, pourrait maintenant leur dire : « Vous n'étiez pas sincères ; vous n'avez ni désintéressement, ni modération, ni prévoyance. Vous aussi, vous êtes de faux patriotes. Les radicaux et, les réactionnaires se valent. Arrière les uns et les autres ! Place à la véritable opinion de la France ! »

On sait ce que les radicaux répondent à ces reproches ; : ils prennent des airs de victimes, ils se plaignent d'avoir été exploités par le gouvernement de M. Thiers, comme si la fondation d'une république honnête, à laquelle la France devra son salut, n'était pas une récompense suffisante pour des républicains aussi dévoués et aussi austères ! Ils s'écrient que la patience humaine a des bornes, et que M. Thiers les a dépassées ; ils consentent bien à vendre leur concours, mais ils entendent le faire payer plus cher, Ils sont outrés de voir que le président de la république conserve des ministres pris dans le centre droit, comme si la gauche à elle seule pouvait former une majorité dans la chambre, et comme si les ministres dont ils se plaignent n'étaient pas en définitive les meilleurs que le gouvernement pût trouver. Ils sont outrés de voir que le ministère s'est laissé imposer par la droite une ou deux mauvaises lois, et surtout des mesures d'exception aussi dangereuses qu'impuissantes contre la municipalité lyonnaise. Eh quoi ! c'est à cause d'une loi d'exception temporaire, dont les effets dureront quelques mois à peine et qu'on pourra défaire quand on voudra, que des républicains abandonnent un gouvernement qui est la sauvegarde de la république ! C'est pour l'amour des franchises municipales et pour l'honneur de la mairie lyonnaise que des hommes politiques qui se croient sérieux livrent à leurs ennemis tout l'avenir de la France ! Eh ! leur dirions-nous volontiers, cette loi d'exception, cette loi réactionnaire, si elle mérite tous ces reproches, savez-vous à qui elle nuira le plus ? Au parti conservateur et à la politique modérée ; quant à vous, elle vous a déjà rendu service, elle a fait du bien à votre secte, puisqu'elle a fait du mal à la république. La preuve en est dans l'attitude arrogante que vous croyez pouvoir prendre, dans l'ardeur avec laquelle vous vous êtes jetés sur cette précieuse occasion de ranimer la flamme du radicalisme mourant. Auriez-vous jamais eu l'audace de faire ainsi la grosse voix, de parler au gouvernement sur ce ton de supériorité moitié sévère et moitié protectrice, s'il n'avait pas commis cette bienheureuse faute que vous bénissez tout en la lui reprochant ?

Avouez-le, votre principal but en suscitant ces embarras au président de la république est de vous donner plus d'importance et de ressaisir un peu de votre prestige, si fortement endommagé il y a deux ans ; mais la politique n'est pas seulement un théâtre d'où l'on cherche à éblouir la foule et où les divers acteurs de la pièce cherchent à s'éclipser mutuellement. C'est un champ de bataille où il faut vaincre, où les divisions sont toujours fatales, où les défections de la dernière heure amènent forcément la défaite. On n'y manœuvre pas au hasard et selon l'inspiration ou la fantaisie du moment ; on doit avoir un but pratique, un plan de campagne sérieux et raisonné. Quel est donc le vôtre ? Qu'espérez-vous faire au milieu de l'assemblée nationale, où vous êtes un contre dix ? Si vous avez voulu seulement faire une manifestation retentissante, quitte à rentrer le lendemain dans le néant, vous confessez vous-mêmes votre impuissance et l'inanité de vos prétentions. Si au contraire vous voulez pousser les choses à la dernière extrémité, joindre les faits aux paroles et faire suivre vos menaces par des actes de violence, alors vous n'êtes plus des hommes politiques, vous n'êtes plus des républicains sincères ; vous êtes des ennemis publics.

Les radicaux savent-ils seulement où ils courent avec cette légèreté fanfaronne et présomptueuse qui semble être, hélas ! le propre de leur parti ? Imaginons, s'ils le veulent, qu'ils soient la majorité du pays : ils n'en seront pas moins l'infime minorité de l'assemblée nationale. Or il est impossible de rien faire contre elle, pas même la dissolution, si elle ne s'y prête de bonne grâce ou si elle ne s'y résigne par nécessité. Supposons que tous les vœux des radicaux se réalisent, — que partout les républicains modérés succombent devant eux, — que par conséquent ils réussissent à faire tomber le gouvernement de M. Thiers, ou à le rejeter du côté de la droite en l'obligeant à y chercher son point d'appui. Que seront-ils alors par eux-mêmes ? Que pourront-ils contre cette assemblée, qui est en définitive le seul pouvoir légal du pays ? Ils auront devant eux les rangs épais d'une majorité monarchique, qui refusera obstinément de se dissoudre, et qui se cramponnera avec d'autant plus d'ardeur au pouvoir qu'elle ne verra plus aucun intermédiaire entre elle et la république radicale. Que feront-ils pour vaincre sa résistance ? Insurgeront-ils Paris contre elle ? Exciteront-ils les campagnes à la guerre sociale ? Ils reculeront, nous aimons à le croire, devant l'emploi de ces moyens extrêmes, et cependant il n'y en aura plus d'autres. Voilà le chemin qu'ils prennent sans le savoir. Ils marchent de gaîté de cœur à la guerre civile ou au triomphe incontesté de la réaction monarchique, c'est-à-dire dans tous les cas à la ruine de la république.

Les radicaux prétendent qu'on les calomnie quand on les représente comme les ennemis de M. Thiers. Ils ne veulent pas renverser le gouvernement ; ils veulent seulement lui donner une leçon. — Les partisans de la monarchie disent aussi tous les jours qu'ils votent contre le gouvernement pour lui donner une leçon, pour le ramener à des sentiments meilleurs, mais qu'ils ne veulent pas le renverser, et que, malgré les apparences, il n'y ont jamais songé. Quelle a été jusqu'à présent la conséquence de cette ingénieuse politique ? C'est que le gouvernement, repoussé par la droite, a cherché son point d'appui dans la gauche et s'y est peut-être engagé plus avant qu'il ne le voulait d'abord. — Heureusement vous vous trouvez là, grands radicaux et grands tacticiens que vous êtes, pour réparer le mal que vos ennemis se sont fait à eux-mêmes. Vous allez très charitablement rétablir l'équilibre au profit de la droite ; avec la majorité parlementaire que l'on connaît, vous n'aurez pas besoin de pousser bien fort pour faire pencher le gouvernement de l'autre côté. Continuez donc, ô profonds calculateurs, à donner des leçons à M. Thiers. Non-seulement vous comblez les vœux de la réaction en affaiblissant le gouvernement de la république, mais encore vous faites tout au monde pour forcer le gouvernement à vous trahir !

Ce danger vous laisse incrédules ? Vous ne craignez pas que le gouvernement vous trahisse, lors même que vous l'auriez mérité.

Partie III

Vous en avez pour garants son patriotisme, la sincérité de ses convictions, l'honnêteté de son caractère, la fermeté de son bon sens. — Mais alors pourquoi affectez-vous de le mettre en défiance ? pourquoi vous semble-t-il nécessaire de lui donner des leçons ? pourquoi prétendez-vous le soumettre à des soupçons injurieux, à une tutelle humiliante, et lui donner pour surveillants je ne sais quelles médiocrités du parti radical ? Ah ! sans doute, quoique justement blessé de vos attaques, il ne vous trahira pas, il ne trahira personne, parce qu'il n'est l'instrument d'aucun parti, et qu'il ne veut servir que la France. Votre sécurité est le plus grand hommage que vous puissiez rendre à sa loyauté et à son patriotisme. L'opposition injuste et téméraire que vous vous amusez à lui faire est la plus grande marque de confiance que vous puissiez lui donner.

Réactionnaires ou radicaux, incorrigibles de tous les partis, il est grand temps que la France vous répudie les uns et les autres. Vous êtes également téméraires et également dangereux. Vous faites les uns et les autres de la politique de combat. La trêve politique et sociale, la sage médiation que le gouvernement vous impose vous pèse également à tous. Vous êtes impatiens de pouvoir enfin vous mesurer face à face et vous déclarer une guerre sans rémission. Votre ennemi commun est celui qui vous oblige à vivre en paix. Essayez de le chasser, si vous pouvez ; mais n'attendez pas qu'il vous cède la place sans résistance. A gauche comme à droite, de quelque côté que vous veniez, on vous combattra, puisque vous voulez la guerre. On ne vous laissera pas recommencer ces luttes impies qui ont déjà trop souvent déshonoré notre histoire, compromis nos libertés et troublé notre repos.

Partie IV

Qui ne doit comprendre que l'heure où nous sommes est solennelle et décisive pour l'avenir de la France ? Qui ne sent que le rétablissement de notre puissance et de notre bonne renommée dépend de la conduite que nous allons tenir d'ici à deux ou trois ans ? On ne peut nier que depuis ses malheurs la France n'ait beaucoup remonté dans l'estime du monde. Elle a montré

Ernest Duvergier de Hauranne

des vertus dont on la croyait incapable ; elle a fait des prodiges de sagesse, de persévérance, de patience et de travail. Sauf les clameurs du parlement de Versailles, auxquelles on avait fini par s'accoutumer et qui ne semblaient plus être un danger sérieux, la France présentait aux autres nations de l'Europe le spectacle d'un pays qui se relève. Il suffit de quelques jours pour gâter tout cela ; que dis-je ? la mauvaise attitude des partis dans les récentes élections parisiennes et leur scandaleuse coalition contre le gouvernement de M. Thiers ont déjà tout compromis. On recommence à dire que la France est incorrigible, et qu'elle mérite de retomber dans les mains du despotisme impérial.

Il n'est que trop vrai que nous ne sommes pas encore complètement dignes de la liberté ; nous nous plaisons du moins à fournir des arguments à ceux qui voudraient nous la refuser. A l'heure des grands périls, nous sommes presque toujours sages, nous montrons un courage, un bon sens, un esprit d'union, qui étonnent le monde ; puis nous retombons dès le lendemain dans nos travers accoutumés, nous nous abandonnons à la négligence, à l'imprévoyance, à la fantaisie, à la mauvaise humeur. A moins que des circonstances extraordinaires ne tiennent notre patriotisme en éveil, nous ne savons pas faire de la politique sérieuse, de la politique de raison ; nous ne faisons que de la politique de théâtre et de la politique de sentiment. Les plus honnêtes gens, les citoyens les plus paisibles, les esprits les plus modérés et les moins fanatiques se laissent parfois entraîner à la remorque des partis extrêmes par des mots qu'ils ne comprennent pas, par des fantaisies qu'ils n'essaient pas de raisonner, par des impressions passagères auxquelles ils ne savent pas résister. Il y a des mots d'ordre qui se répandent et qu'on adopte sans savoir pourquoi, parce qu'ils sont dans l'air qu'on respire. On s'amuse à faire des protestations, des manifestations sans lendemain, à lancer des défis inutiles, à jouer de mauvais tours au gouvernement, lorsqu'on obéit, c'est sans aucune mesure : l'obéissance va jusqu'à l'enthousiasme et jusqu'à l'abdication. Quand on fait de l'opposition, c'est également sans mesure : on en fait à tout propos et pour le seul plaisir d'en faire. La France enfin, qui est un pays profondément conservateur, s'est montrée jusqu'à ce jour incapable de conserver aucun des gouvernements qu'elle s'était promis de maintenir.

Partie IV

En sera-t-il encore de même cette fois-ci ? Le gouvernement de la république conservatrice va-t-il être abandonné comme les autres ? Se laissera-t-il renverser à son tour comme tous ceux qui l'ont précédé ? Les radicaux et les monarchistes coalisés vont-ils donc lui passer sur le corps, quitte à s'en disputer les dépouilles ? Ils échoueront cette fois encore, il faut du moins l'espérer ; mais c'est là qu'on ne s'y trompe point, le sort qui nous menace, si les hommes de bon sens ne savent point s'entendre et faire cause commune contre les exagérés de tous les partis. C'est le moment ou jamais de répéter le mot célèbre de M. Thiers : ni dans le gouvernement, ni dans le parti conservateur, ni dans le parti républicain, « il n'y a plus une seule faute à commettre ! »

Quant à nous, soit dit sans offenser les républicains ni les conservateurs, c'est encore le gouvernement qui nous inspire le moins d'inquiétudes. Quoi qu'on en dise, rien dans son attitude n'indique la moindre défaillance. Il sait très bien que son premier devoir dans les circonstances difficiles que nous traversons est de ne s'étonner et de ne se décourager de rien. Il a déjà montré plus d'une fois qu'il était sage et qu'il savait l'être, non-seulement pour lui-même, mais encore et surtout pour les partis qui manquent de sagesse. Toute sa politique aujourd'hui doit se résumer en un mot : la persévérance. Il ne s'agit pas de montrer un dépit puéril et de s'amuser à rendre œil pour œil et dent pour dent, soit aux monarchistes, soit aux radicaux. Il faut les laisser se châtier eux-mêmes par les conséquences de leurs propres fautes, et faire appel, en dehors d'eux tous, à la bonne volonté et à la droite raison du pays. A présent surtout que M. Thiers n'a plus le droit de paraître à l'assemblée que dans certaines occasions solennelles, il faut que ses ministres se pénètrent des grands et difficiles devoirs qu'ils ont à remplir ; il faut qu'ils comprennent que dans les circonstances présentes ils ne sont pas seulement les délégués d'une majorité parlementaire à laquelle ils doivent rapporter toutes leurs pensées, mais qu'ils sont avant tout les médiateurs de l'assemblée et du pays. Leur devoir est de s'oublier eux-mêmes, de sacrifier, s'il le faut, leur influence personnelle et leur situation parlementaire pour rétablir avant tout l'autorité morale du gouvernement auquel ils appartiennent, si tant est qu'elle soit compromise dans l'opinion publique, — de maintenir envers et contre tous l'intégrité de la

Ernest Duvergier de Hauranne

politique du message, la seule que le pays approuve, la seule qui puisse assurer l'avenir.

La politique d'équilibre a fait son temps. L'heure des hésitations et des concessions est passée ; puisqu'elles ne peuvent plus prolonger la trêve, il ne faut plus en faire à personne, ni aux réactionnaires ni aux radicaux. Ils croient le moment venu de poser leurs conditions et de sommer le gouvernement de choisir entre eux : le moment est venu en effet de leur faire comprendre qu'ils se trompent, s'ils croient que le gouvernement pourra jamais consentir à se faire leur complice et à leur servir d'instrument. Il faut qu'ils sachent une fois pour toutes que jamais ni M. Thiers ni ses ministres ne s'enrôleront dans l'armée royaliste ni dans l'armée radicale, et qu'en renonçant à maintenir la trêve entre les partis, ils entendent cependant conserver leur indépendance à l'égard de tous.

Si la France avait des institutions régulières, si les partis qui s'agitent dans l'arène électorale et parlementaire étaient éprouvés par un long usage du régime constitutionnel, le devoir du gouvernement serait plus facile à remplir. Il aurait à choisir entre la majorité qui a nommé M. Barodet et celle que se flattent de réunir les chefs du ministère de combat, entre la dissolution de l'assemblée et la réaction monarchique. Faute de savoir choisir entre ces deux résolutions, M. Thiers devrait se retirer du pouvoir ; mais dans l'état de confusion vraiment révolutionnaire où nous sommes, avec le caractère provisoire de nos institutions, devant les prétentions chaque jour grandissantes des partis extrêmes, le gouvernement n'a qu'une chose à faire : il doit rester lui-même et repousser avec une égale énergie les attaques des uns et des autres.

Les chefs radicaux disent au gouvernement : « Rangez-vous du côté de la république radicale, c'est là qu'est le nombre et la force. Inclinez-vous devant l'avertissement que viennent de vous donner les élus des grandes villes de France. Rentrez en grâce auprès des meneurs de la démocratie. Le radicalisme est maître de la France ; bien aveugle qui ne le voit pas. » — Non, cela n'est pas vrai ; le radicalisme ne tient pas dans ses mains l'avenir de la France ; il peut la perdre encore une fois, il ne peut pas la sauver. Le radicalisme fait peur, et aucun gouvernement ne se fondera jamais par la peur. Si M. Thiers pouvait être tenté de prêter l'oreille à ces détestables conseils, il ne commettrait qu'une lâcheté inutile, car il serait emporté dès le lendemain.

Que répondent à cela les réactionnaires ? « Vous le voyez, disent-ils au gouvernement, les républicains vous trahissent. Appuyez-vous maintenant sur le grand parti conservateur. Les conservateurs se méfient de vous, mais ils vous accueilleront avec joie, si vous leur donnez des gages. Rompez avec la démocratie, proscrivez les radicaux, supprimez le suffrage universel, jetez un défi au parti républicain tout entier, montrez bien au pays que vous ne voulez gouverner qu'avec nous, par nous et pour nous, et tout sera sauvé. Les hommes de désordre trembleront, les hommes d'ordre reprendront confiance, et vous aurez la joie de retrouver la vraie majorité conservatrice. » Oui, c'est là ce que le gouvernement doit faire, s'il veut tuer la politique conservatrice et donner la majorité au parti radical. Quant à ce grand parti conservateur au nom duquel aiment à parler les partisans de la monarchie, et dont ils paraissent se croire naïvement les maîtres, il est difficile d'y voir autre chose qu'une enfantine illusion. Ce parti n'existe pas en dehors de la république. Supposons que le gouvernement ait la fantaisie d'arborer un drapeau monarchique, et l'on verra ce que deviendra le grand parti conservateur. Les partisans des autres monarchies se joindront sur-le-champ aux révolutionnaires, et ils essaieront encore de démontrer qu'ils sont les seuls vrais conservateurs !

« Ni radical, ni réactionnaire, » telle doit être aujourd'hui plus que jamais la devise du gouvernement de M. Thiers. Quoi qu'on fasse de part et d'autre pour le dégoûter de cette politique, il ne doit pas donner le spectacle d'une palinodie aussi honteuse qu'inutile. Désormais ses efforts doivent tendre à dissiper toute incertitude, à ne plus laisser de prétexte à l'équivoque, à mettre dans ses actes la précision, la clarté, l'inflexible fermeté que les circonstances commandent. Sans perdre tout espoir de corriger les partis extrêmes, il doit, à partir de ce jour, cesser d'agir directement sur eux. C'est sur les opinions moyennes, sur les conservateurs de bon sens, sur les républicains modérés et honnêtes, qu'il doit s'appuyer uniquement, sans se préoccuper de savoir s'ils sont les plus forts ou les plus faibles. Ne fussent-ils dans l'assemblée qu'une élite insignifiante, ils sont la majorité dans le pays, et le bon exemple qu'ils auront donné ne sera pas perdu. Jusqu'à présent, le gouvernement s'est fait un devoir, comme il l'avait promis à Bordeaux, « de ne

Ernest Duvergier de Hauranne

favoriser aucun parti, » et de s'appuyer également sur tous ; il l'a fait dans le louable désir de mener à bonne fin la libération du territoire et de préparer les partis eux-mêmes à des solutions pacifiques. Nous ne voulons pas dire qu'il ait eu tort de témoigner aux partis plus de confiance qu'ils n'en méritaient ; mais à présent que l'heure est venue d'agir et de prendre des résolutions suprêmes, il faut qu'il choisisse un point d'appui plus étroit et plus ferme, où il n'ait pas à craindre de voir le sol se dérober brusquement sous ses pieds. Après avoir essayé de gouverner avec l'assemblée tout entière et recherché successivement le concours de tous les partis, il faut qu'il marche hardiment en avant, suivi du centre gauche, de la gauche modérée et des hommes du centre droit qui auront assez de patriotisme et de sagesse pour lui venir en aide. Il faut qu'il cesse d'implorer la tolérance des partis extrêmes, et qu'il ne craigne pas d'aller droit au but, sans s'embarrasser d'alliés compromettants ou perfides.

Pourquoi ne pas le dire comme chacun le pense ? le rôle que la situation de la France impose au chef du gouvernement est plus grand que celui d'un chef de ministère, plus grand que celui d'un chef d'état constitutionnel. Ce rôle consiste à ne pas craindre d'assumer la responsabilité de l'avenir, et de peser par tous les moyens honnêtes à la fois et sur l'assemblée et sur le pays, — sur l'assemblée, pour la décider à respecter la souveraineté nationale et à consulter autre chose que ses préventions ou ses espérances, — sur le pays, pour l'accoutumer lui-même au respect des formes légales, à la sage pratique du régime parlementaire, à l'exercice sérieux du droit électoral. Sans renouveler en aucune façon les procédés des candidatures officielles, il faut que le pouvoir lui-même prenne une attitude assez claire pour que personne n'ignore ou ne fasse semblant d'ignorer quelle est sa politique. Il ne faut pas qu'on arrive aux élections prochaines avec un gouvernement affaibli, avec une opinion publique effrayée, livrée aux passions des partis extrêmes ou dégoûtée par le spectacle de leurs violences. Il est indispensable que l'on agisse et que l'on parle de manière à servir de boussole à la conscience nationale, égarée par les déclamations des partis.

La paix publique elle-même en dépend. Le péril qu'il faut conjurer n'est pas un péril immédiat ; mais il apparaîtra dans un avenir prochain. A l'heure qu'il est, l'existence du gouvernement n'est pas encore menacée. Ni l'une ni l'autre des deux oppositions qui le battent en brèche ne peut avoir la dangereuse ambition de le renverser avant l'affranchissement complet du territoire ; cependant elles peuvent d'ici là troubler les esprits, égarer les consciences, soulever les passions endormies et saper d'avance les fondements de cette république conservatrice, de cette grande et patriotique entreprise à laquelle le gouvernement s'est dévoué. L'apaisement moral auquel il travaille avec tant de persévérance, et dont ses successeurs doivent recueillir les fruits, peut être gravement compromis, si l'on n'y prend garde, par les impatiences coupables de ceux même qui prétendent à sa succession.

Voilà pourquoi il importe que le gouvernement agisse sans retard et que le libérateur du territoire fasse lui-même entendre sa voix pour imposer silence aux factions. Qu'il leur fasse connaître au plus tôt les conditions de la paix qu'il se propose de conclure entre les conservateurs et la république, entre l'assemblée et le pays. Qu'il leur demande une solution prompte, telle que l'exige la gravité dû péril. Qu'il ne laisse pas ajourner encore une fois l'exécution du message, car ces perpétuels ajournements sont pour lui-même une cause de faiblesse, et ils sont une cause de trouble pour le pays. Qu'il n'abandonne pas l'exécution de ses projets aux caprices de ses adversaires ; qu'il sache, s'il le faut, couper court à leurs hésitations, à leurs intrigues, à leurs discussions byzantines, en leur mettant à tous le marché à la main. Que, fort de sa conviction, de sa bonne conscience et de l'assentiment général du pays, il se décide enfin à brusquer les résistances déloyales et à mettre ses ennemis au pied du mur. Il réussira, nul ne doit en douter encore ; du moins, s'il échoue, il aura tout fait pour sauver la France, et ce n'est pas à lui qu'on pourra reprocher de l'avoir laissée périr entre ses mains.

En ce cas, l'avenir du pays ne serait que trop facile à prévoir. Que les radicaux et les royalistes fassent trêve un instant à leurs ambitions, à leurs vanités ou à leurs rancunes, et qu'ils prennent la peine de songer aux déplorables conséquences qu'entraînerait la chute du gouvernement actuel. Qu'ils ne s'y trompent pas en effet : la France ne prend qu'un médiocre intérêt à leurs querelles. Elle en sera promptement fatiguée, s'ils ne s'en lassent pas eux-mêmes, et elle demandera bientôt qu'on l'en délivre à tout prix.

Ernest Duvergier de Hauranne

Si la médiation pacifique et libérale que M. Thiers a entreprise sous le nom de la république conservatrice n'est pas acceptée de bonne grâce par les partis auxquels elle vient s'offrir, ils en subiront fatalement une autre qui leur fera regretter amèrement de l'avoir refusée. Si la république conservatrice et libérale ne réussit pas à pacifier les factions, ce sera un sabre qui s'en chargera.

Qu'on nous accuse, si l'on veut, d'être des prophètes de malheur ! Il nous en coûte assurément d'arrêter nos yeux sur d'aussi tristes prévisions et de faire entendre à notre pays des vérités aussi cruelles dans un moment où il a tant besoin d'encouragement et de confiance. Du temps où la France était redoutée et enviée des nations voisines, où elle s'endormait dans une sécurité mensongère à l'ombre du despotisme impérial, elle n'écoutait pas volontiers les avertissement des esprits moroses qui persistaient à se préoccuper du lendemain. Il est à craindre qu'elle n'accueille pas mieux ceux qui essaient aujourd'hui de l'avertir. Dans ce temps-là c'était un devoir facile, puisque tout semblait sourire à notre fortune. Il n'en est plus de même aujourd'hui. Ce n'est plus, hélas ! une nation trop heureuse et un peu aveuglée par le succès qu'il faut ramener à une plus juste appréciation d'elle-même ; c'est une nation malheureuse et humiliée que nous devons réprimander sous les yeux de l'Europe, qui s'étonne de ses fautes, et, sous les yeux mêmes de l'ennemi, qui s'en amuse. Il faut cependant que cette nation soit avertie, il faut que les honnêtes gens aient le courage de lui tenir un langage, impartial et sévère.

ISBN : 978-1533555717

www.ingramcontent.com/pod-product-compliance
Lightning Source LLC
Chambersburg PA
CBHW062029280526
45787CB00005B/2257